Lire et découvrir

La Lune

Melvin et Gilda Berger

Texte français d'Alexandra Martin-Roche

Éditions SCHOLASTIC

Photographies : Couverture : Photodisc Collection/Getty Images; p. 1 : Werner H. Muller/Peter Arnold, Inc.; p. 3 : Dennis Di Cicco/Peter Arnold, Inc.; p. 4 : Science Photo Library/Photo Researchers, Inc.; p. 5 : John Sanford/Photo Researchers, Inc.; p. 6 : Astrofoto/van Ravenswaay/Peter Arnold, Inc.; p. 7 : Peter M. Rosario/The Image Bank/Getty Images; p. 8 : Kim Heacox/Peter Arnold, Inc.; p. 9 : Joseph Drivas/The Image Bank/Getty Images; p. 10 : Galen Rowell/Peter Arnold, Inc.; p. 11 : Werner H. Muller/Peter Arnold, Inc.; p. 12 : Astrofoto/NASA/Peter Arnold, Inc.; p. 13 : NASA/Scholastic Photo Library; p. 14 : Richard Wahlstrom/The Image Bank/Getty Images; p. 15 : NASA/Scholastic Photo Library; p. 16 : Astrofoto/David Miller/Peter Arnold, Inc.

Recherche de photos : Sarah Longacre

Catalogage avant publication de Bibliothèque et Archives Canada

Berger, Melvin

La Lune / Melvin et Gilda Berger ;
texte français d'Alexandra Martin-Roche.

(Lire et découvrir)
Traduction de: The moon.

ISBN 978-0-545-98284-9

1. Lune--Ouvrages pour la jeunesse. I. Berger, Gilda
II. Martin-Roche, Alexandra III. Titre. IV. Collection: Lire et découvrir

QB582.B4714 2010 j523.3 C2010-900358-6

Édition publiée par les Éditions Scholastic, 604, rue King Ouest, Toronto (Ontario) M5V 1E1

5 4 3 2 1 Imprimé au Canada 120 10 11 12 13 14

FSC
Sources Mixtes
Groupe de produits issu de forêts bien gérées, de sources contrôlées et de bois ou fibres recyclés.
www.fsc.org Cert no. SW-COC-002520
© 1996 Forest Stewardship Council
2%

La Lune est une boule de roche.

Info-Lune
De la Terre,
on voit toujours
le même côté
de la Lune.

La Lune tourne autour
de la planète Terre.

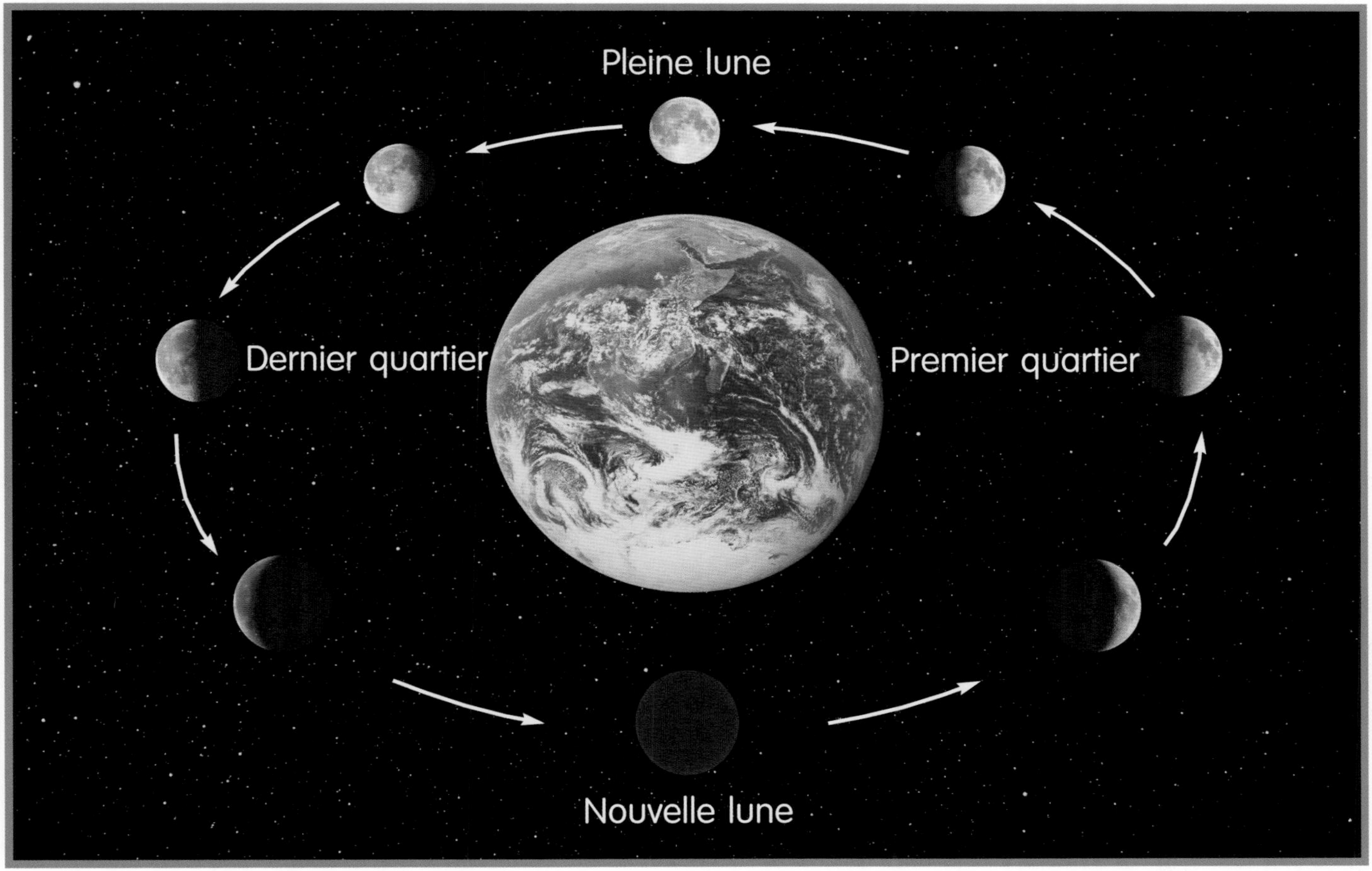

La Lune met un mois
à faire le tour de la Terre.

La Lune est beaucoup plus petite que la Terre.

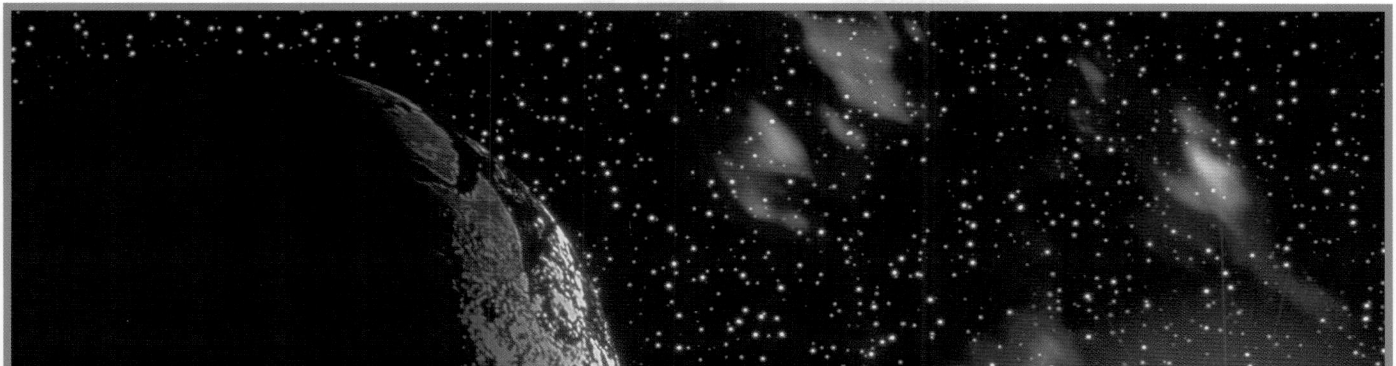

La Terre et la Lune tournent autour du soleil ensemble.

La Lune brille.

Info-Lune
La Lune ne produit pas
sa propre lumière.

La Lune brille à cause du Soleil.

Tantôt, le Soleil éclaire
tout un côté de la Lune.

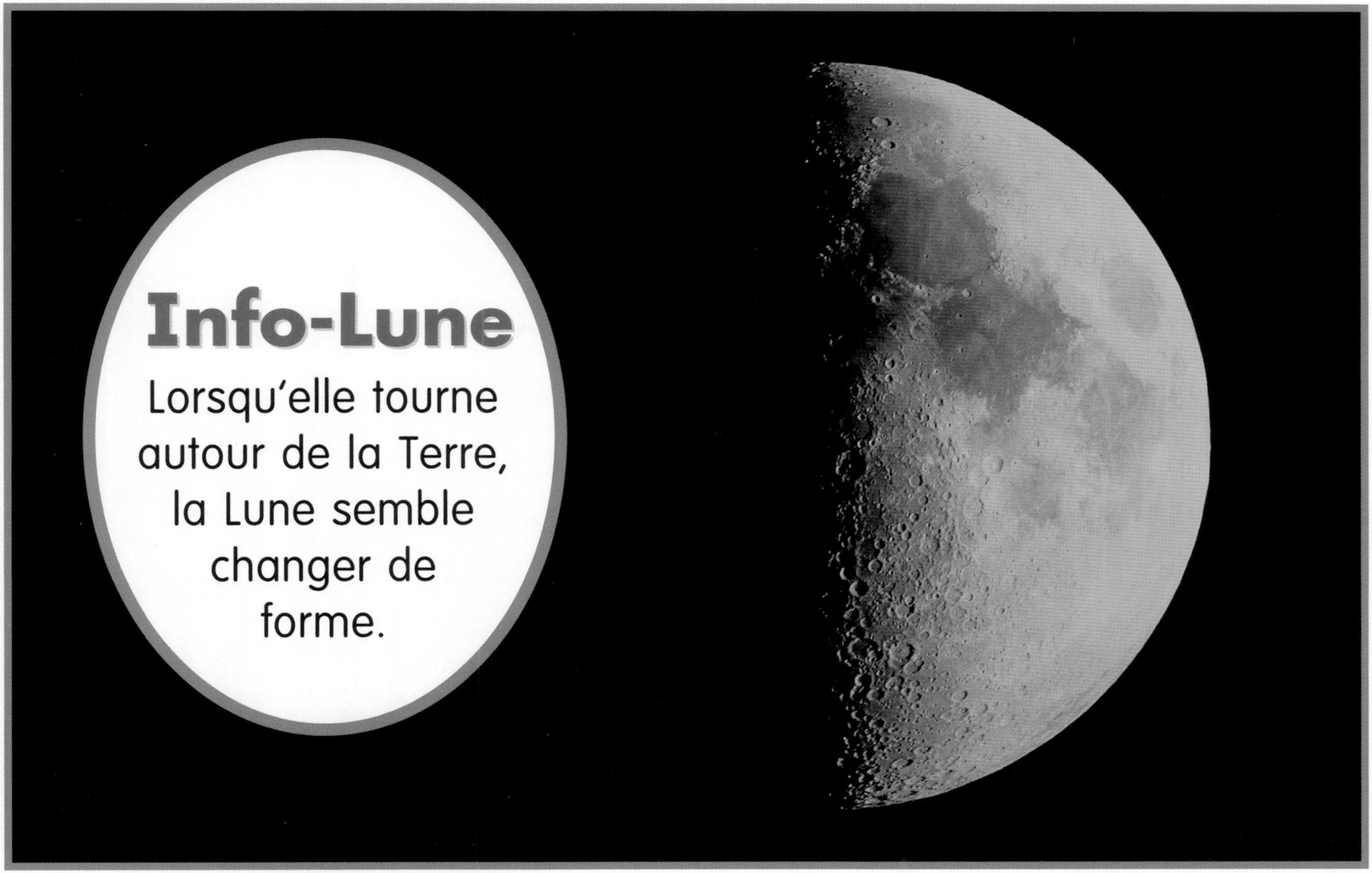

Info-Lune
Lorsqu'elle tourne autour de la Terre, la Lune semble changer de forme.

Tantôt, le Soleil n'éclaire qu'une partie de la Lune.

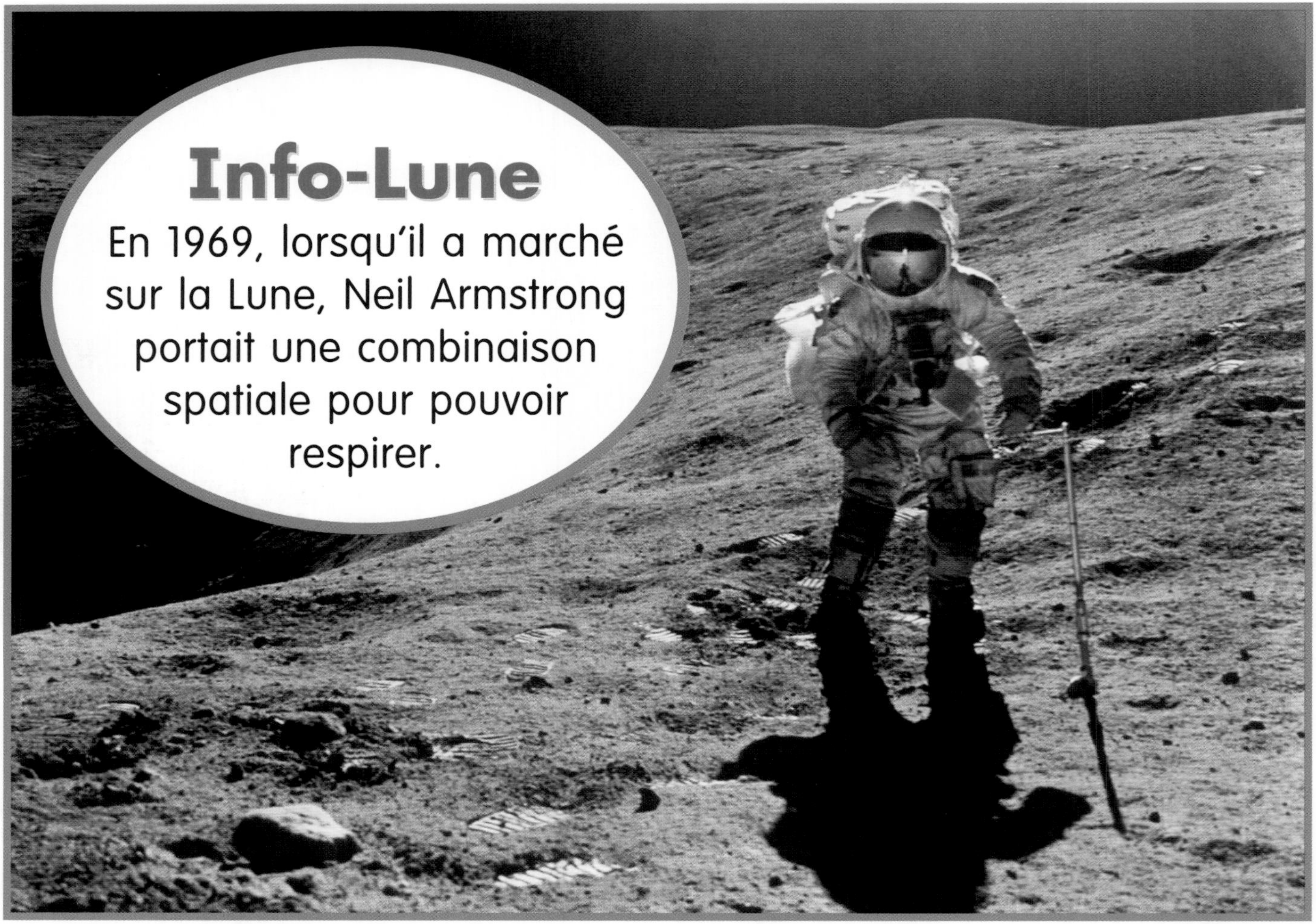

Info-Lune

En 1969, lorsqu'il a marché sur la Lune, Neil Armstrong portait une combinaison spatiale pour pouvoir respirer.

Il n'y a pas d'air sur la Lune.

Il n’y a pas d’eau non plus.

Il y a beaucoup de trous sur la Lune.

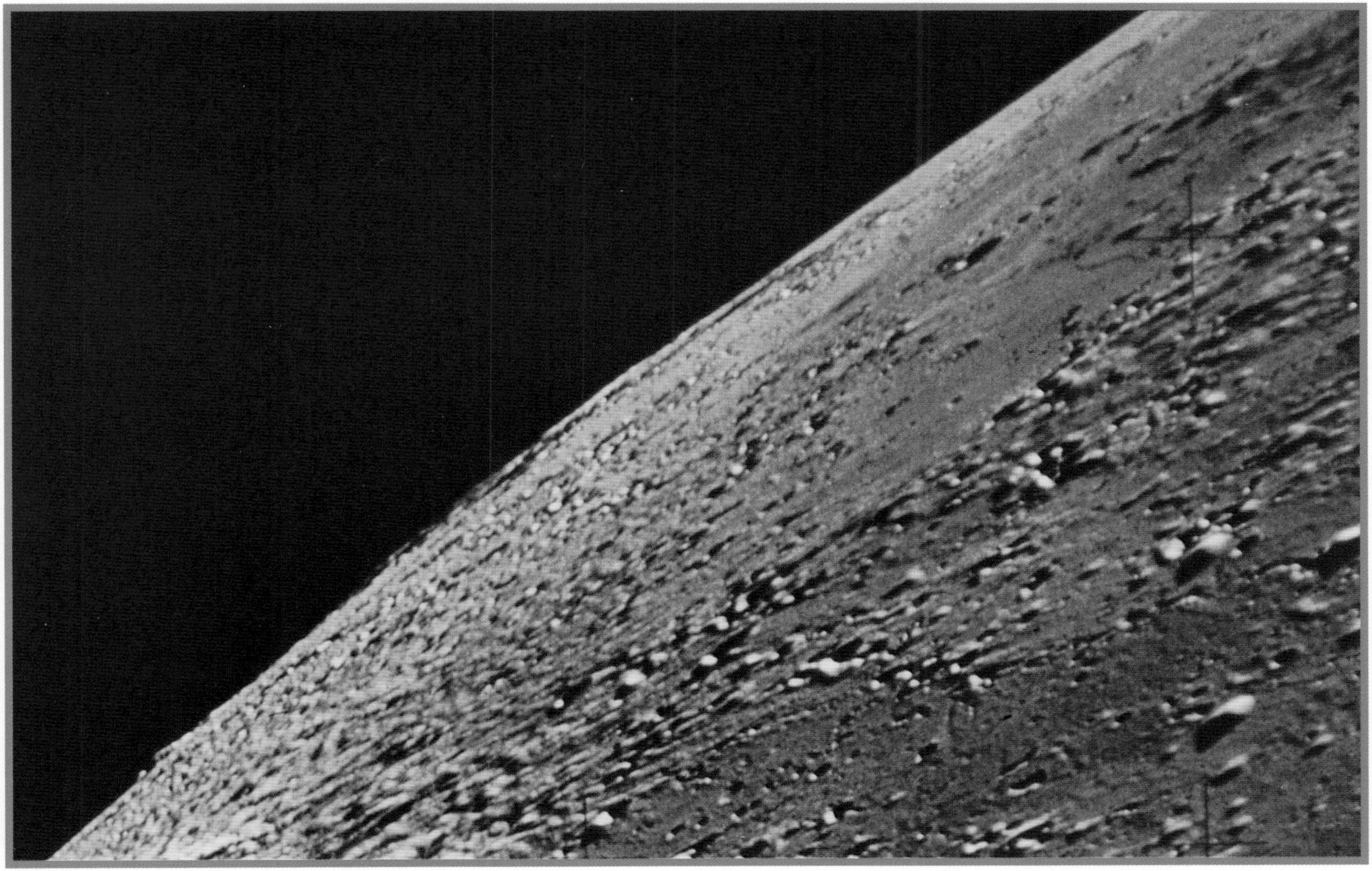

Il y a aussi beaucoup d'endroits plats et sombres sur la Lune.

La Lune est notre plus proche voisine dans le système solaire.